안녕! 친구들!

볼거리, 놀거리, 먹거리 많은 강원도!
대부분 강원도를 여행할 때 한 도시만 다녀가는 것이 아니라
여러 도시를 방문하는 여러분들을 위해
종합선물세트로 준비했어요.
강원도의 매력을 한 권에 모두 담지 못해 아쉬운 마음이 있지만
각 도시를 탐구하는 마음으로 여행하길 바래봅니다.
여러 빛으로 빛나는 강원도 도시들의 매력을 느껴보길 바래요.

## 안녕, 나는 강원도야

**개정판 1쇄 발행** 2023년 12월 20일 / **글쓴이** 이나영 / **펴낸곳** 상상력놀이터 / **펴낸이** 이도원 / **교정교열** 박정은, 김서우 / **일러스트** 박정은, 이나영 / **디자인** 상상력놀이터 디자인팀 / **주소** 경기도 고양시 일산동구 정발산로39 대양빌딩 607호 / **대표전화** 070-8227-4024 / **홈페이지** www.sangsangup.co.kr / **전자우편** contact@sangsangup.co.kr / **등록변호** 제 2015-000056 호 **ISBN** 979-11-955087-4-7

*책값은 표지 뒷면에 있습니다.
*이 책은 상상력놀이터에서 저작권자와의 계약에 따라 발행한 것으로 허락 없이 복제할 수 없습니다.
*파본이나 잘못 인쇄된 책은 구매하신 서점에서 교환해드립니다.

# 먼저 알고 읽으면 좋아요.

### 한국전쟁 (6.25 전쟁)

1948년 남과 북에 2개의 정부가 세워졌지만 남한과 북한은 서로 다른 쪽의 정부를 인정하지 않았어요. 북위 38도선 부근에서는 크고 작은 전투가 끊이지 않았는데 1950년 6월 25일 갑작스럽게 북한군이 침략해 3년간 계속된 전쟁이에요. 이 전쟁으로 500만 명이 넘는 사람들이 죽거나 다치고, 천만 명이 가족들과 헤어졌어요. 지금은 휴전 중이랍니다.

### 비무장지대

지도상의 북위 38도선을 기준으로 휴전선이 만들어지는데, 휴전선에서 남북으로 각각 2km씩 설정된 평화 유지 구간을 말합니다.

### 분지

주위는 산으로 둘러싸여 있고 그 안은 평평한 지역을 말해요. 해안면에 있어서 해안분지라고 해요.

### 고찰

역사가 오래된 옛 절을 말해요. 보통 천년고찰이라는 단어를 많이 사용하는데 천년 이상 된 오랜 옛 절을 말해요. 강원도에서는 낙산사, 월정사, 수타사, 백담사 등이 대표적이에요.

### 유배지

죄인을 먼 곳으로 보내버리는 벌을 유배라고 해요. 죄의 가볍고 무거움에 따라 멀리 보내거나 가까이 보내거나 했다고 해요. 사람이 살기 힘든 외진 곳으로 보냈는데 영월의 청령포, 제주도, 남해 등이 대표적인 유배지였어요.

### 방랑

정해진 곳 없이 무작정 이리저리 떠돌아다니는 것을 말해요.

### 덕장

해산물을 말리려고 나무를 이어 만든 선반과 선반을 놓는 곳을 말해요.

### 실향민

고향을 떠난 뒤 부득이하게 다시 고향으로 돌아가지 못하고 다른 곳에서 사는 사람들을 말해요.

### 갯배

바다로 나누어진 마을을 이어주는 배를 말해요. 뗏목 같은 형태고, 승객들이 줄을 끌어 움직이게 합니다.

### 유네스코 생물권 보전 지역

유네스코에서는 생태계가 잘 보전되어 있는 지역을 생물권 보전 지역으로 지정하는데 우리나라에서는 1982년 설악산이 최초로 지정되었어요. 우리나라의 유네스코 생물권 보전 지역은 설악산을 비롯해서 제주도, 신안다도해, 광릉숲, 고창 5곳이 있어요.

### 너와집

통나무를 잘라 만든 나무 판자 또는 두꺼운 나무 껍질을 이용하여 지붕을 이은 가옥으로, 너새집이라고도 해요. 너와는 단열 효과가 크고 통풍이 잘 돼요.

### 굴피집

두꺼운 나무껍질로 지붕을 인 집을 말해요. 산간지방에서는 흔히 너와로 지붕을 이지만 그 재료인 적송을 구하기 어려울 때는 굴피나무 껍질을 이용해요. 굴피집은 주로 화전민들이 많이 이용하는 집이었어요.

_____아(야)

이름을 써주세요

안녕, 나는 강원도야!
나는 18개의 시군이 있는데
그중 오래전부터 큰 도시였던
강릉의 '강'과 원주의 '원'자를 따서 강원도라고 불러.
고려 때는 북쪽에 있는 도라는 뜻의 '삭방도'라 불리기도 했어.
지금은 강원도에서 '강원특별자치도'로 이름이 바뀌었어.

**군사분계선**
남한과 북한 사이의 군사활동 경계선을 말해요.

**북방한계선과 남방한계선**
군사분계선에서 북쪽과 남쪽으로 2㎞ 물러난 지역을 말해요.
전쟁을 할 수 없는 중립 지역이지요.

**비무장지대**
군사분계선과 한계선 사이에 있는 평화지대를 말해요.
누구도 들어갈 수 없는 곳이에요.

강원도의 1/3은 북한에 있고, 2/3는 남한에 속해 있어.

우리나라에서 유일하게 남한과 북한 모두에 걸쳐있는 도야.

그래서 아무도 가지 못하는 비무장지대에 속하는 부분도 있단다.

너희가 잘 알고 있는 금강산도 북한에 있지만 강원도에 있는 산이야.

나는 남한에서 숲과 산이 제일 많은 곳이야.
우리나라의 척추라고 하는 태백산맥을 중심으로
동쪽은 영동, 서쪽은 영서로 불리지.

영서는 경사가 완만한 편이지만
영동은 매우 가파르고 바로 동해와 맞닿아 있어.
대관령, 미시령, 진부령, 한계령 등 많은 고개들과
빼어난 경관을 자랑하는 계곡들이 있지.

영서지방은 춘천시, 원주시, 평창군, 인제군, 홍천군 등이 있고
영동지방은 속초시, 양양군, 강릉시, 동해시 등이 있어.

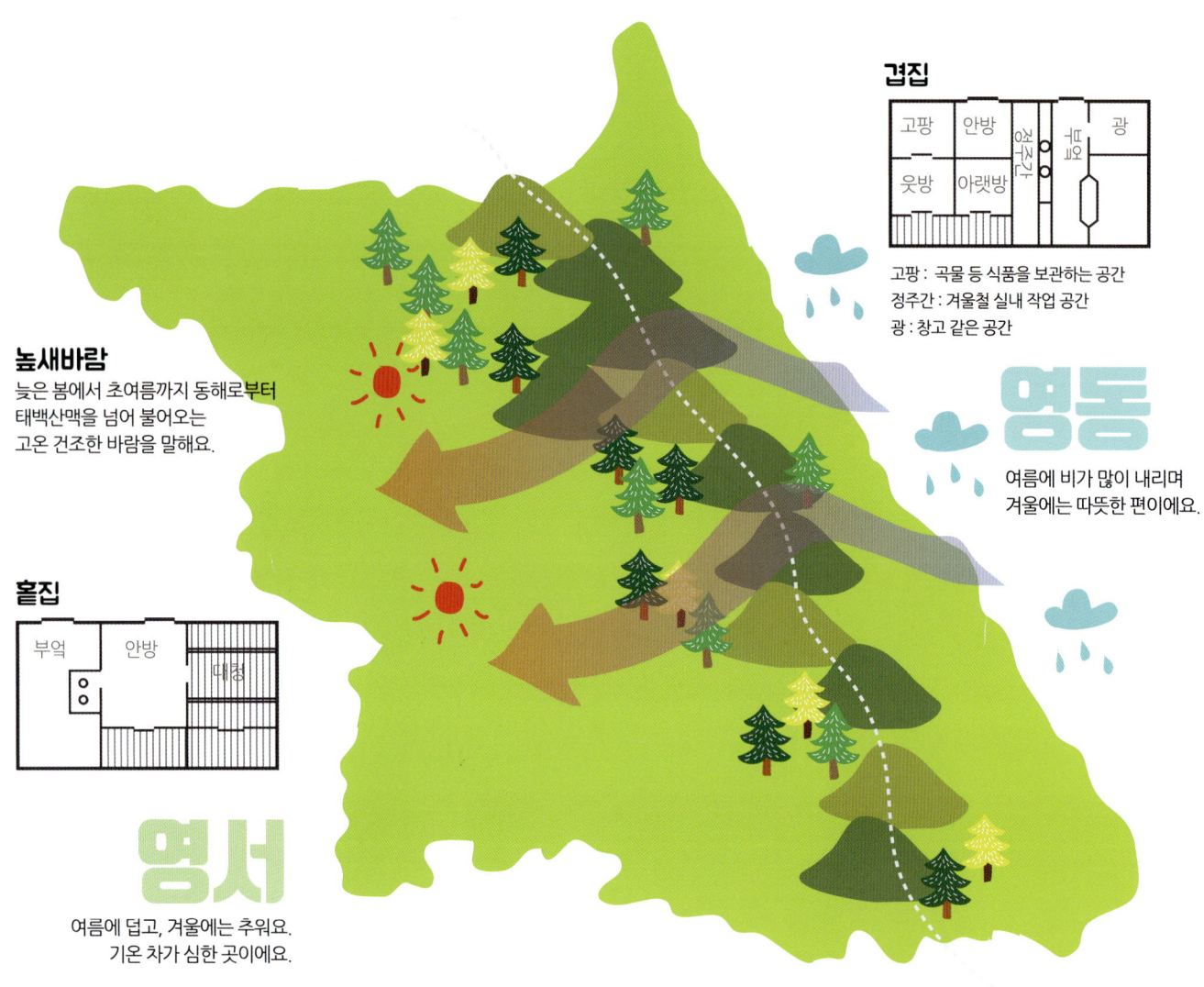

영서지방과 영동지방은 기온과 환경에 따라 전통 집 구조가 조금씩 달라.
영서지방의 전통 집은 마루가 좁고 부엌이 중심인 '홑집'이고
영동지방은 방들이 옹기종기 모여 있어 따뜻한 '겹집' 구조야.

나무를 쉽게 구할 수 있는 강원도의 전통 집은 '너와집'이라고 부르는데
너와집은 '너와' 사이에 바람이 잘 통해서 여름에는 시원하고,
겨울에 눈으로 덮여 온기가 오랫동안 집안에 남아 따뜻하다고 해.

**너와집**
통나무를 잘라 만든 나무판자나 두꺼운 나무 껍질을 이용하여
만든 지붕을 '너와'라고 해요.

**굴피집**
굴피나무, 상수리나무, 삼나무 등의 두꺼운
나무 껍질을 지붕으로 만든 집을 말해요.

**삼척 너와마을**
정보센터 : 033-552-1659
주소 : 강원도 삼척시 도계읍 문의재로 1113
중요민속자료로 지정된 너와집, 굴피집, 물레방아 등을 만날 수 있으며
다양한 체험과 숙박을 할 수 있어요.

나는 설악산, 태백산, 오대산, 치악산
4개의 국립공원을 비롯해 울창한 숲으로 가득해!

**사향노루** 바위가 많은 높은 산에 살아요. 수컷은 사향주머니가 있어요.

**크낙새** 크낙새는 까막 딱따구리와 비슷하게 생겼지만 자세히 보면 배가 하얀색이에요.

**너구리** 야행성 동물이지만 가끔 낮에도 나타날 때가 있어요.

**반달곰** 가슴 부위에 흰색 반달무늬가 있어요. 설악산에 야생벌이 많이 있어 꿀을 먹기도 한대요.

**산양** 주로 암벽으로 이루어진 산에 살아요. 바위와 절벽의 꼭대기 같은 곳에서 만날 수 있어요.

**까막딱따구리** 울창한 숲의 오래된 참나무, 소나무 등에 구멍을 뚫고 둥지를 틀고 살아요.

**날개하늘나리** 높은 산에서 자라는 나리꽃이에요. 멸종 위기 식물 중 하나입니다.

**개병풍** 전국적으로 10곳 미만의 자생지가 있고 개체수도 매우 적은 멸종 위기 식물이에요.

**설악산**은 산마루에 오래도록 눈이 덮이고,
바위가 눈같이 하얗다고 하여 설악이라 불러.
설악산에는 크낙새, 산양, 사향노루, 까막딱따구리,
반달곰 등과 같은 희귀동물들이 살고 있지.
설악산은 유네스코 생물권 보전 지역이기도 하고,
세계자연보전연맹 국립공원으로 지정되어 있어.

설악산에서 가장 유명한 건 울산바위인데 재미있는 전설이 있어.
금강산으로 가던 울산바위가 금강산까지 못 가고
설악산에 눌러앉았다고 해.
설악산은 다양한 폭포도 많고,
보석처럼 예쁜 계곡들도 많은 곳이야.
이름처럼 눈이 내렸을 때 정말 예쁜 곳이니 케이블카를
타고 꼭 권금성까지 올라가 보길 바래.

**설악케이블카**
이용 시간: 15~20분 간격 운행
계절과 기후에 따라 운행시간이 달라지니 출발 전 홈페이지 확인하세요.

**설악산의 명소**
천불동계곡, 구곡담계곡, 백담계곡을 비롯한 수많은 계곡과
토왕성폭포, 비룡폭포, 대승폭포를 비롯한 28개의 폭포가 있어요.

**설악산 국립공원**
남한에서는 한라산, 지리산에 이어 세 번째로 높은 산이에요.

**태백산** 꼭대기에는 하늘과 땅에 제사를 지내던 천제단이 있어.
또 한강의 시작인 검룡소와 낙동강의 시작인 황지 연못이 있는 곳이지.
**오대산**은 천연기념물인 열목어와 메기, 퉁가리 등이
서식하고 있어서 '특별어류보호구역'이야.
율곡 이이가 금강산처럼 아름답다 하여 소금강이라 부르는 계곡도 이곳에 있어.
구룡연못, 비봉폭포, 선녀탕 등 이름도 재미있고, 아름다운 곳이 정말 많아.

**태백산**
대한민국의 척추, 태백산맥의 산 중 하나예요.
대한민국 가장 높은 곳에서 샘솟는 '용정'이라는 우물도 있어요.

**황지연못과 검룡소**
낙동강의 시작인 황지연못은 3개의 연못으로 이루어져 있어요.
한강의 시작인 검룡소는 용이 사는 연못이라는 뜻이에요.

**오대산**
평창과 홍천으로 걸쳐 있는 오대산은 5개의 봉우리가
다섯 개의 연꽃잎과 같이 둘러싸여 있다 하여 오대산이라고 해요.

**치악산**은 '은혜 갚은 꿩'의 설화가 전해지는 곳이야.
그래서 원래는 적악산이었지만 '꿩 치'자를 붙여 치악산이라 불러.
치악산에는 금강송이라는 소나무가 있는데 '황장목'이라 불러.
이 나무는 몸이 단단하고 질이 좋아서 조선시대에 궁궐을 수리할 때 사용하였대.
치악산의 황장목 숲은 조선시대 때부터 지금까지 보호해 오고 있어.

# 雉 岳 山

꿩 **치**　　큰산 **악**　　뫼 **산**

**적악산과 치악산**
단풍이 아름다워 '붉은 적'자를 써서 적악산이었으나
은혜 갚은 꿩의 설화로 치악산이 되었어요.
선비의 은혜를 갚은 꿩이 자신의 머리를 종에 부딪쳐 소리를
냈는데 그 종이 바로 치악산 상원사 동종이라고 해요.

**치악산 황장목**　황장목은 임금의 관을 만들던 나무로 왕의 나무라 불러요.
치악산의 황장목은 한양과 가까워 더욱 사랑받았다고 해요.

**올림픽과 패럴림픽**
올림픽은 4년마다 개최하는 국제 스포츠 대회예요.
패럴림픽 또한 국제 스포츠 대회이지만 신체적, 감각적으로 장애가 있는
운동선수들의 국제 스포츠 대회이지요.

**알펜시아 스키점프 센터**
모노레일을 타고 올라가 볼 수 있어요.
이용 시간: 매일 09:00 - 18:00

나는 이런 산들의 지형을 이용해 다양한 겨울 스포츠를 즐기기에 안성맞춤이지.
우리나라에 있는 스키장들의 대부분은 강원도에 있을 정도야.
너희들이 좋아하는 눈썰매는 물론이고 스케이트, 스키, 스노우보드 등
다양한 겨울스포츠를 즐기기 위해 겨울이면 강원도가 들썩들썩 하지.
너는 어떤 겨울 스포츠를 좋아하니?

2018년에는 세 번의 도전 끝에 평창 동계올림픽이 열리기도 했어.
정선과 강릉, 평창 세 도시에서 17일간 열렸어.
참, 동계올림픽은 겨울 스포츠 대회야.
눈과 얼음 위에서 펼쳐지는 스포츠를 4년마다 겨뤄보는 대회지.
평창 스키점프대 위에 올라 아찔한 높이를 확인해봐.

## 석회동굴 형성 과정

## 석회동굴 속 이름

**석회동굴**  석회암 지대에 빗물이 녹아 만들어진 동굴.
**종유석**  동굴의 천장에 고드름처럼 매달린 것.
**석주**  종유석이 바닥까지 성장하여 석순과 맞닿은 돌기둥.
**석순**  석회암이 녹아있는 물이 바닥으로 떨어지면서 오랜 시간 쌓이게 된 돌기둥.

나는 11개의 신비로운 동굴을 가지고 있어.
그중 화암 동굴과 고씨 동굴, 환선굴이 가장 유명해.
화암 동굴은 금을 캐던 동굴 금광과 천연 동굴이 만나는 색다른 곳이야.
환선굴은 5억 3천만 년 전에 만들어진 것인데 동양에서 제일 큰 동굴이래.
고씨 동굴 안에는 4개의 호수와 3개의 폭포 등이 있어.
오래전 임진왜란 때 적군과 싸우던 고씨 가족들이
피신해 있었던 곳이라 고씨 동굴이라 불린대.

**고씨 동굴**
이용 시간 : 09:00~18:00

**환선굴**
이용 시간 : 08:30~17:00

속초
금강굴

동해 · 천곡동굴
정선 · 화암동굴
· 환선굴, 관음굴, 대이동굴
영월 · 백룡동굴
· 용연동굴
· 고씨동굴  태백  삼척

동해를 끼고 있는 나는 나열하기 힘들 정도로 수많은 계곡과 해수욕장을 가지고 있어.
그중 망상해수욕장, 송지호 해수욕장, 경포해변, 장호항이 가장 많은 사랑을 받고 있지.

강원도의 해수욕장들은 하나같이 백사장의 길이가 길고
모래도 아주 부드러워서 모래놀이하기 정말 좋아.
특히 장호항과 아야진 해수욕장은 스노클링 하기 좋은 곳이지.
양양해변과 죽도해변은 수심이 얕고 파도가 커서 서핑을 하는 사람들이 많아.
또 나는 해변마다 바다를 감상할 수 있는 오랜 정자와 전망대들도 많이 있어.

## 석호 생성 과정

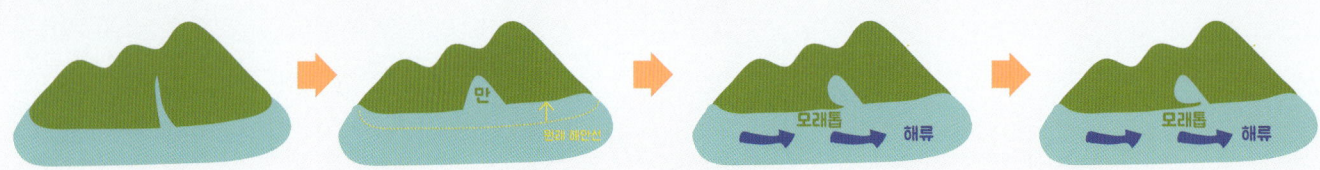

해수면이 상승하면서 만이 형성이 되고 그 앞으로 모래가 쌓여 입구를 막게 되면서 석호가 만들어져요
⊙ 만 : 바다가 육지 쪽으로 들어와 있는, 움푹 들어간 곳 / ⊙ 해류 : 바닷물의 흐름

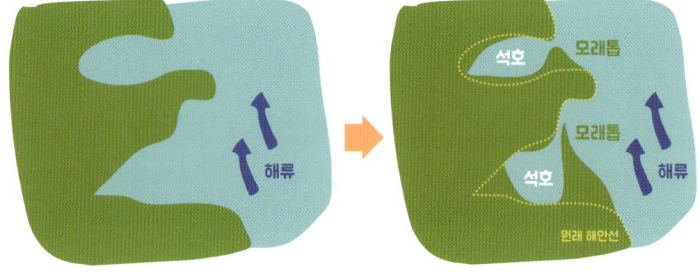

나는 바다 가까이에 예쁜 호수들도 많아.
석호라고 불리는 이 호수들은 파도에 밀려온
모래가 쌓여 입구가 막히면서 생겨난 호수야.
고성의 송지호, 속초의 영랑호와 청초호가 대표적이지.
이런 석호에는 도시마다 다양한 이야기들이 전해지고 있대.
나는 여름에는 바다로, 가을에는 산으로,
겨울에는 스키장과 산으로 많은 사람들이 휴가지로 선택하는 곳이야.

### 청초호
소가 누워 있는 모양으로 속초시 한가운데에 넓게 펼쳐져 있어요.
속초에서 바다로 나가는 문이에요.

### 송지호
철새들이 쉬어가는 중요한 곳이에요.

### 영랑호
신라의 화랑인 영랑이 금강산에서 수련하고 무술대회에 가는 길에
영랑호에 오게 되었는데 아름다움에 반해 무술대회 나가는 것을
잊었다고 해요. 그래서 영랑호라 불러요.

나는 18개의 시·군이 있는데 모두 매력이 넘치는 곳이야.

봄의 풍경이 아름다워 **춘천**이라 불리는 이곳은 서울과 가장 가까운 도시야.
서울에서 전철로도 갈 수 있어서 많은 사람들이 나들이로 많이 찾지.
막국수와 닭갈비가 유명하고 반달 모양의 남이섬이 많은 사랑을 받고 있어.
소양호, 의암호, 춘천호 등으로 둘러싸여 있어서 춘천을 호반도시라고도 부르지.

**호반**
호수 호, 밭두둑 반을 사용하여 호수 근처라는 의미예요.

**원주**는 교통의 중심지라 할 수 있어.
영동고속도로를 비롯해 3개의
고속도로가 지나가는 곳이야.
원주에는 다양한 의료기기 회사들이 많이 있어.
그래서 첨단의료 건강도시라 부르지.
천년 고찰 구룡사와 치악산이 있어서
관광객들이 많이 찾는 곳이기도 해.

**원주 시티투어** 일일 승차권을 이용해 당일에 한해 원하는 관광지에서 자유롭게 승하차 가능해요. 버스 지붕이 열리는 신기한 버스랍니다.

물 맑고 공기가 맑은 화천은 산천어의 도시야.
수달도 살고 있는 **화천**에는 수달연구센터도 있어.

강원도에서 가장 먼저 기차가 다닌 곳인 **철원**은
금강산을 지나 북한 원산까지 가는 교통의 중심지였대.
한국전쟁 때는 철원의 백마고지라는 곳에서 엄청 치열한 싸움이 벌어졌어.
드넓은 철원평야도 있는데 여기서 나는 쌀로 지은 밥은 정말 꿀맛이지.

해안분지로 유명한 **양구**는
내려다본 모습이 화채 그릇 같다고 해서 펀치볼이라 부르기도 해.
위도와 경도에 따른 우리나라 정중앙이 양구에 있어. 재미있지?

기린의 굽과 같이 강이 흐르는 곳이라는 뜻의 **인제**와
남한에서 면적이 가장 넓은 **홍천**은 레포츠의 도시야.
빼어난 산 사이 사이 흐르는 맑은 계곡에서
자연을 만끽할수 있는 다양한 레포츠들이 가득하지.

짚라인은 물론 번지점프, 래프팅 등을 즐길 수 있어.
또 인제 자작나무 숲과 홍천 은행나무 숲이 있는데 사진 찍기 정말 좋은 곳이야.
홍천에는 넓은 강변이 많이 있어서 물놀이하기도 좋고, 낚시하기도 좋아.

단종과 김삿갓의 도시인 **영월**은
단종의 유배지인 청령포와 단종의 무덤인 장릉이 있는 곳이야.
청령포는 강으로 둘러싸여 있어 마치 섬과 같은 곳이지.
방랑시인 김삿갓의 유적지가 있는 곳도 영월이야.
영월에는 16개의 박물관과 미술관 등이 있어서
우리나라 유일한 박물관 고을 특구 지역이니
영월에서 박물관 스탬프 투어를 해보는건 어떠니?

**단종과 단종어소** 단종은 문종이 일찍 죽어 어린 나이에 조선 6대 왕이 되었어요. 누명을 쓰고 왕위에서 쫓겨나면서 삼촌인 수양 대군에게 왕위를 넘겨주게 돼요. 단종은 영월 청령포에서 두 달간 유배 생활을 했는데, 이때 단종이 머물렀던 작은 집이 단종어소예요.

**영월 청령포**
이용 시간 : 09:00~18:00 (입장마감 17:00) 연중무휴
청령포에서 단종이 슬퍼하는 것을 보고 들었다는 뜻의 관음송(소나무)이
여전히 자리를 지키고 있어요.

겨울이 길고 봄, 가을이 짧은 **태백**은 남한 최대의 석탄 생산지였어.
**정선**은 지하자원과 산림자원이 정말 풍부해.
또 정선 아리랑으로 잘 알려진 **정선**은
오래전 경복궁을 수리할 때 필요한 나무를 뗏목으로 엮어 물길로 운반했는데
이때 인부들이 정선 아리랑을 불러서 전국으로 알려졌을 거라고 추측하고 있어.

**정선 아리랑** 강원도 무형문화재 제1호예요. 정선뿐만 아니라 인근 지역 등에서 광범위하게 불러요. 우리나라의 대표적인 아리랑은 〈진도아리랑〉, 〈밀양아리랑〉, 〈정선아리랑〉이에요.

**아우라지** 여러 곳에서 오는 물줄기가 '어우러진다'하여 아우라지라 불려요.

**횡성**은 깨끗한 자연에서 자란 한우와 더덕으로 유명해.
횡성에는 우리나라에서 유일하게 휠체어나
유모차를 타고 산 정상까지 오를 수 있는 청태산이 있어.

또 숲문화 체험시설인 '국립횡성숲체원'에는
숲과 관련된 다양한 프로그램들이 준비되어 있지.
강원도의 숲을 다양한 체험으로
느낄 수 있으니 꼭 한번 가봐.

**국립횡성숲체원**
다양한 체험과 코스, 숙박 등이 준비되어 있어요
홈페이지를 확인하고 가세요.

동계올림픽 개최지 **평창**은 겨울스포츠와 목장의 도시야.
우리나라 스키의 발상지로 다양한 스키장이 많아.
또 평창에서는 맛있는 황태를 맛볼 수 있는데
한국 전쟁 때 평창으로 피난 온 함경도 사람들이
덕장을 세워 황태를 만들기 시작했대.
평창의 다양한 목장에서는 트랙터도 타볼 수 있고,
양 떼들도 볼 수 있어서 너희들이 무척 좋아할 것 같아.

**대관령 양떼목장**
이용 시간 : (1~2월/11~12월) 09:00~17:00 (3월/10월) 09:00~17:30
(4월/9월) 09:00~18:00 (5월/8월) 09:00~18:30

**대관령 삼양목장**
이용 시간 : (11월~1월) 08:30~16:00 (2월, 10월) 16:30
(3월, 4월, 9월) 17:00 (5~8월) 17:30

분단의 아픔을 고스란히 느낄 수 있는 **고성**에 가면
통일전망대에서 금강산과 해금강을 볼 수 있어.

오랜 역사의 낙산사가 있는 **양양**은 연어들의 고향 남대천과
단풍이 예쁜 오색령(한계령)이 있는 도시야.
또 관세음보살이 머무른다는 낙산사와
부처님이 누워 있는 모습의 바위와
수만마리 황어 떼를 만날수 있는 휴휴암이 있어.

**낙산사**
이용 시간 : 06:00 ~ 19:30
(일출, 일몰에 따라 이용 시간이
달라지니 확인하고 가세요!)

설악산이 지키고 있는 도시 **속초**는 청초호와 영랑호로 유명한데
청초호 근처에는 실향민들이 살고 있는 아바이마을이 있어.
갯배를 타고 들어갈 수 있는데 갯배는 손님들도 같이 줄을 끌어 움직일 수 있지.
또 속초와 양양에서는 온천을 즐길 수도 있고,
양양과 속초의 바닷길을 걷는 해파랑길도 있어.

**갯배**
이용 시간 : 04:30 ~ 23:00
강원도 속초시 청초호부터 청호동 아바이마을과 중앙동을 연결해주는 작은 배예요.

가 볼 곳이 너무나도 많은 **강릉**은 신사임당과 율곡 이이,
그리고 허난설헌의 기품이 깃든 도시야.
율곡 이이가 태어나고 자란 오죽헌도 있고, 허균, 허난설헌이 나고 자란 곳도 있지.
달맞이 장소로 유명한 경포대와 경포호도 있고,
해맞이 장소로 유명한 우리나라의 정동쪽 정동진이 있어.

**오죽헌/시립박물관**
이용시간 : 하절기 3월~10월 08:00~18:30
동절기 11월~2월 09:00~18:00 / 연중무휴

정동진역은 우리나라에서 바다와 가장 가까운 역이야.
의자가 모두 바다로 향해있는 바다열차도 있어.
나는 동해의 탄생을 알 수 있는 심곡 바다 부채길을 걷는 것도 추천해.

**코레일 바다열차**
정동진-삼척 / 삼척-정동진 (연중운행)
소요 시간 : 편도 약 1시간 20분 / 왕복 약 3시간
운행 시간 : 현지 사정에 따라 달라질 수 있으므로 확인해야 해요.

레일바이크를 타며 바다를 볼 수 있는 **삼척**은
바다를 건너는 케이블카도 타볼 수 있어.
깊은 산속에는 너와집과 굴피집이 잘 보존되어 있고,
바다 쪽으로는 다양한 레포츠를 즐길 수 있는 곳이야.

**동해**는 유일하게 도시 가운데에 동굴이 있는 도시야.
동해의 촛대 모양의 바위가 있는 추암 해변과
도째비골과 해랑전망대는 빼놓을 수 없는 명소지.

**삼척 해상 케이블카**
이용 시간 : 매일 10:00 - 17:00

**삼척 해양 레일바이크**
이용 시간 : 평일 09:00~17:00 주말 09:00~19:00

**삼척 장호항**
군데 군데 있는 다양한 바위 사이로 스노클링도 할 수 있고, 카누도 탈 수 있어요.

나는 깨끗한 바다와 풍요로운 산이 있어 먹을거리가 정말 다양해.

도시마다 유명한 음식들이 정말 많지. 특히 감자와 메밀로 만든 음식이 정말 많아.

감자로 만든 옹심이나 감자떡, 메밀전병과 메밀국수는 도시마다 다 맛있어.

**메밀전병**
메밀가루 반죽을 얇게 지져 야채, 고기 등을 넣고 말아 만든 음식.

**정선 콧등치기국수**
쫄깃한 면을 빨아들이면 면이 콧등을 친다고 해서 붙여진 이름이에요.

**메밀 막국수**
메밀국수를 시원한 김칫국물에 말아먹는 음식.

**감자떡**
감자 전분을 반죽해 팥과 함께 빚은 떡.

**강원도 감자**
강원도는 해발 600m 이상의 고랭지고 일교차도 커서 감자 키우기 적절한 곳이에요.

**감자 옹심이**
감자를 갈아 반죽해서 새알 크기로 빚어 만든 음식. 옹심이는 강원도 사투리로 '새알심'이라는 뜻이에요.

**안흥 찐빵**
막걸리를 넣은 반죽을 발효시켜 팥을 넣고 쪄낸 간식.

**평창 황태구이**
황태를 반으로 갈라 고추장 양념을 발라 구워낸 음식.

평창은 황태가 맛있고, 횡성은 한우가 유명해.

또 횡성의 안흥에는 전통방식으로 만든 찐빵이 맛있어.

강릉은 바닷물로 만든 초당두부가 유명하고,

속초에는 아바이마을의 오징어순대와 섭국이 정말 맛있어.

정선은 이름도 재미있는 콧등치기국수와 올챙이 국수,
영월에는 곤드레밥이, 양양은 송이가 유명해.

**춘천 닭갈비**
고추장 양념의 닭고기를 야채와 함께 볶거나 구워 먹는 음식.

**속초 오징어순대**
순대처럼 오징어에 속을 채워 찐 음식.

**양양 송이**
깊은 산속 소나무가 많은 지역에만 자라는 송이버섯은 향이 일품이에요.

**곤드레밥**
곤드레 나물을 썰어 넣어 지은 밥에 양념을 얹어 비벼 먹는 밥이에요.

**횡성 더덕**
아삭한 식감과 향이 일품인 더덕은 구이로 많이 먹어요.

**속초 섭국**
'섭'은 강원도 사투리로 홍합을 말해요.

**정선 올챙이국수**
옥수수로 죽을 쑤어 바가지 구멍을 통해 내리면 빗물처럼 똑똑 떨어져서 묵이 되는데 마치 올챙이 같다고 해서 붙여진 이름이에요.

**횡성 한우**
'동대문 밖 가장 큰 시장으로' 불리는 '우하하 횡성한우시장'이 유명해요.

**양구 시래기 국밥**
시래기는 무청을 말린 것이에요.

**강릉 초당순두부**
맑은 동해 바닷물을 이용해 두부가 고소하고 부드러워요.

춘천은 닭갈비와 막국수가 꿀맛이고,
그리고 양구는 시래기 국밥이 유명하지.

말만 들어도 침이 꼴깍꼴깍 넘어가지?
너는 어떤 음식을 가장 먹어보고 싶니?

나는 다양한 주제의 박물관과 천문대도 많아서 올 때마다 새로운 곳이야.
춘천에는 재미있는 볼거리 가득한 국립춘천박물관과
티비에서 보던 캐릭터들로 가득한 춘천 애니메이션 박물관이 있어.

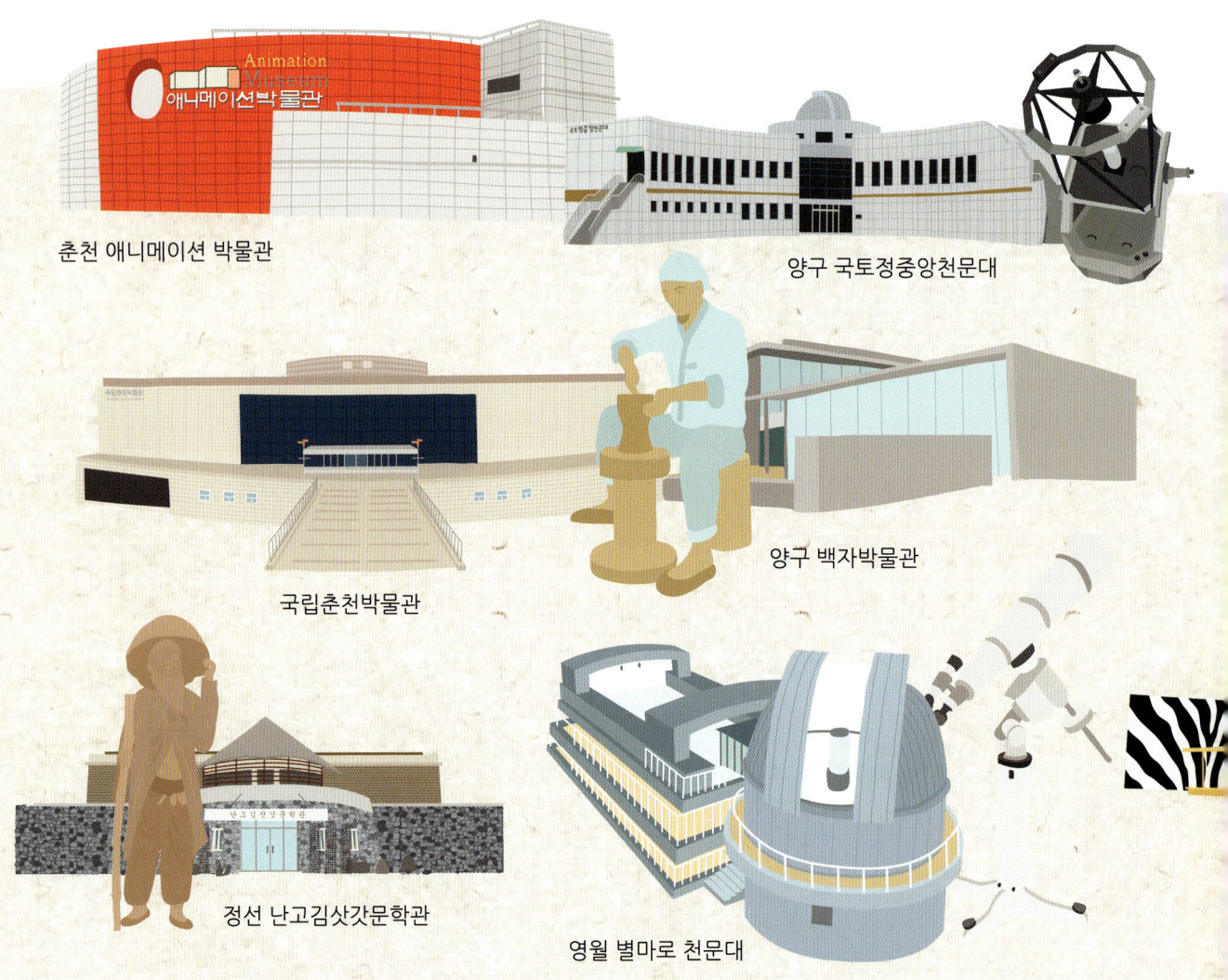

춘천 애니메이션 박물관

양구 국토정중앙천문대

국립춘천박물관

양구 백자박물관

정선 난고김삿갓문학관

영월 별마로 천문대

영월에는 동굴 속 자연들을 배워볼 수 있는 영월 동굴생태관과 별마로 천문대,
고성에는 전쟁의 아픔을 보고 배우는 DMZ박물관이 있지.

양구에는 백자의 아름다움을 배울 수 있는
백자박물관과 국토정중앙천문대,
양양에는 오랜 선사시대를 알 수 있는
오산리 선사유적박물관이 있어.

석탄 생산지였던 태백에는 석탄 박물관이,
강릉에는 율곡 이이와 신사임당의 가르침을 배울 수 있는 오죽헌 박물관과
신기한 것이 가득한 에디슨 과학박물관이 있지.
일일이 나열하기도 힘들 만큼 다양하고 재미있는 곳이 정말 많아.
너는 어떤 박물관에 가보고 싶니?

나는 영동고속도로, 서울 양양고속도로, 중앙고속도로 등 다양한 고속도로를 통해 빠르게 올 수 있어. KTX와 기차를 타고 올 수도 있고 원주와 양양에는 공항이 있어서 비행기를 타고 올 수도 있지.

**강원도 KTX**
서울에서 평창까지 1시간이면 갈 수 있어요.

**강릉항, 묵호항**
강릉항과 묵호항에서 울릉도로 갈 수 있어요.

**시티투어**

나는 바다를 끼고 있는 7번 국도를 따라 천천히 여행하길 추천해.
멋진 해안도로를 따라 탁 트인 바다를 언제든지 만날 수 있거든.
또 나는 강릉항과 묵호항을 통해서 울릉도와 독도를 가볼 수도 있는 곳이야.
춘천, 원주, 태백, 속초, 삼척, 정선, 화천, 양구에는
시티투어도 준비되어 있단다.

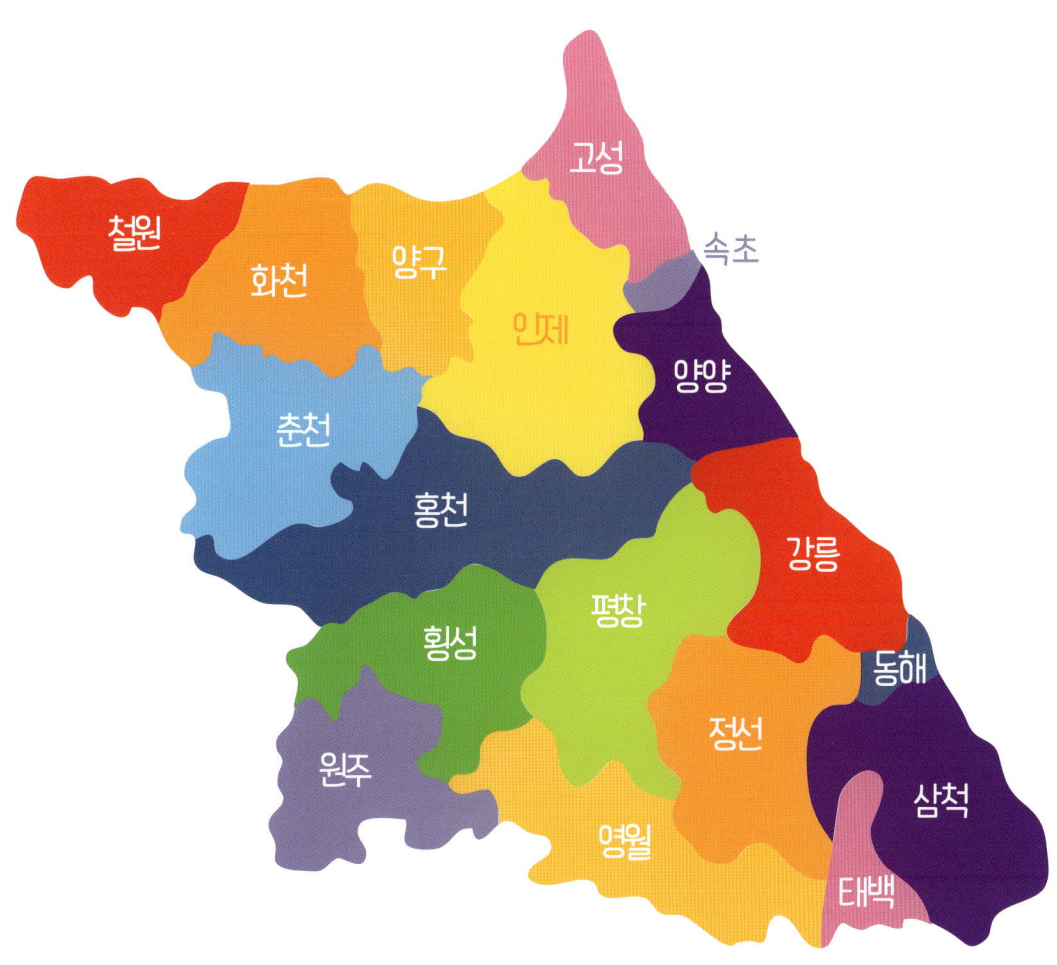

도시마다 매력이 넘치고,
풍요로운 산과 신비한 바위, 보석같은 계곡들이 많은 나는
곳곳에 숨은 이야기들로 가득한 곳이야.
도시마다 재미있는 전통시장도 많고,
특산물을 이용한 다양한 간식거리도 많아.

역사와 전통, 특별한 자연이 기다리는
안녕, 나는 강원도야!

양구 해안분지(펀치볼)

설악산 울산바위

오대산 소금강 구룡폭포

바다 열차

감자 옹심이

막국수와 메밀전병, 메밀전

평창 황태덕장

대관령 양떼목장

횡성 숲체원

동해 촛대바위

강원도의 해수욕장

7번 국도(강릉 헌화로)

## 스티커로 나만의 강원도를 만들어 보아요.

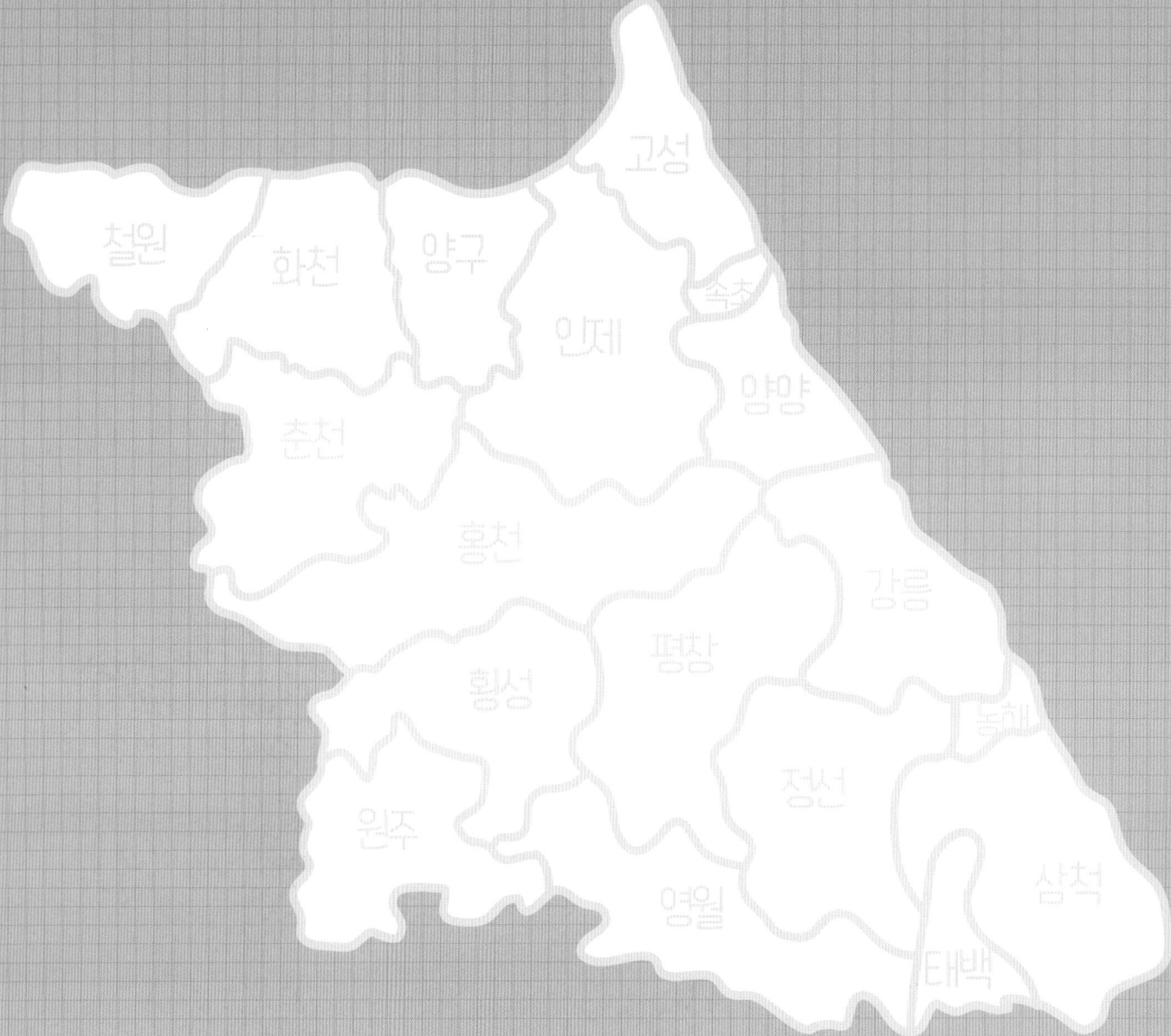

### 다녀온 곳을 적어 보세요.

# 아이랑 가볼 만한 곳

## 춘천

**남이섬**
춘천시 남산면 남이섬길 1

**애니메이션 박물관**
춘천시 서면 박사로 854

**국립춘천박물관**
춘천시 우석로 70

**소양강 스카이워크**
춘천시 영서로 2663

**김유정문학촌**
춘천시 신동면 김유정로 1430-14

**책과인쇄박물관**
춘천시 신동면 풍림1길 156

**춘천막국수체험박물관**
춘천시 신북읍 신북로 264

**중도관광지와 의암호**
춘천시 하중도길 128

**춘천꿈자람어린이공원**
춘천시 평화로 25

## 철원

**고석정 (고석정 국민관광지)**
철원군 동송읍 장흥리

**철원평화전망대**
철원군 동송읍 중강리 588-14

**백마고지 전적지**
철원군 철원읍 산명리

## 화천

**수달연구센터**
화천군 간동면 간척월명로 869-129

**붕어섬**
화천군 화천읍 하1리 붕어섬

**화천목재문화체험장**
화천군 하남면 영서로 5289-22

**화천 파로호 관광지**
화천군 간동면 구만리

## 평창

**대관령 삼양목장**
평창군 대관령면 횡계리 산1-107

**대관령 양떼목장**
평창군 대관령면 대관령마루길 483-32

**대관령 하늘목장**
평창군 대관령면 꽃밭양지길 458-23

**월정사**
평창군 진부면 오대산로 374-8

**이효석 문학관**
평창군 봉평면 효석문학길 73-25

## 원주

**뮤지엄 산**
원주시 지정면 오크밸리 2길 260

**원주한지테마파크**
원주시 한지공원길 151

**돼지문화원**
원주시 지정면 송정로 130

**구룡사 (황장목 숲길)**
원주시 소초면 구룡사로 500

**기후변화홍보관**
원주시 행구로 362

## 양구

**양구전쟁기념관**
양구군 해안면 후리 34

**국토정중앙천문대**
양구군 남면 국토정중앙로 127

**양구백자박물관**
양구군 방산면 평화로 5182

**두타연계곡**
양구군 방산면 고방산리 1024

**을지전망대와 제4땅굴**
양구군 해안면 이현리

## 인제

**원대리 자작나무숲**
인제군 인제읍 원남로 760

**대암산용늪**
인제군 서화면 서흥리

**인제산촌민속박물관**
인제군 인제읍 인제로156번길 50

**인제 스피디움**
인제군 기린면 상하답로 130

**내린천계곡**
인제군 인제읍 고사리

## 양양

**낙산사**
양양군 강현면 낙산사로 100

**남대천**
양양군 양양읍 남문리

**송이밸리**
양양군 손양면 상왕도리 산158-3

**휴휴암**
양양군 현남면 광진2길 3-16

**오산리선사유적박물관**
양양군 손양면 학포길 33

**남애항 전망대**
양양군 현남면 남애리

## 홍천

**홍천은행나무숲**
홍천군 내면 광원리 686-4

**수타사 생태숲**
홍천군 동면 덕치리

**개야강변**
홍천군 서면 개야리

**생명건강과학관**
홍천군 홍천읍 생명과학관길 78

**알파카월드**
홍천군 화촌면 덕밭재길 146-155

**홍천동키허니랜드**
홍천군 화촌면 구룡령로 170

## 영월

**청령포**
영월군 남면 광천리 산67-1

**장릉**
영월군 영월읍 단종로 190

**난고김삿갓문학관**
영월군 김삿갓면 김삿갓로 216-22

**별마로 천문대**
영월군 영월읍 천문대길 397

**영월아프리카미술박물관**
영월군 김삿갓면 영월동로 1107-1

**영월동굴생태관**
영월군 김삿갓면 진별리506-22

**고씨동굴**
영월군 김삿갓면 진별리 산262

**선돌**
영월군 영월읍 방절리 산122

## 속초

**속초시립박물관**

**속초실향민문화촌**

**발해역사관**
속초시 노학동 736-1

**영랑호**
속초시 금호동

**아바이마을(갯배)**
속초시 청호로 122

**설악산 케이블카**
속초시 설악산로 1137 신흥사

**속초종합중앙시장**
속초시 중앙로147번길 16

**엑스포타워와 청초호**
속초시 엑스포로 72

**국립산악박물관**
속초시 미시령로 3054

## 태백

**석탄박물관**
태백시 천제단길 195

**고생대자연사박물관**
태백시 태백로 2249

**365세이프타운**
태백시 평화길 15

**검룡소**
태백시 창죽동

**황지연못**
태백시 황지동 623

## 정선

**사북석탄역사체험관**
정선군 사북읍 하이원길 57-3

**병방치 스카이워크**
정선군 정선읍 북실리 산105

**정선아리랑시장**
정선군 정선읍 봉양7길 39

**화암동굴**
정선군 화암면 화암동굴길 12-8

**정선 아우라지 레일바이크**
정선군 여량면 구절리 290-4

**하이원**
정선군 고한읍 하이원길 424

**아라리촌**
정선군 정선읍 애산로 37

**아우라지 (나룻배 : 장날, 주말)**
정선군 여량면 여량5리

## 횡성

**국립횡성숲체원**
횡성군 둔내면 청태산로 777

**청태산자연휴양림**
횡성군 둔내면 청태산로 610

**횡성댐과 물문화관**
횡성군 갑천면 대관대리 40-1

**횡성장(우하하 횡성시장)**
횡성군 횡성읍 삼일로 4-2

## 동해

**천곡동굴**
동해시 동굴로 50

**추암해변**
동해시 북평동

**논골담길**
동해시 묵호진동 4-188

**망상해수욕장**
동해시 망상동 393-16

## 삼척

**삼척 해양 레일바이크**
삼척시 근덕면 공양왕길 2

**삼척해상케이블카**
삼척시 근덕면 용화리

**환선굴**
삼척시 신기면 환선로 800

**대금굴**
삼척시 신기면 환선로 800

**삼척 너와마을**
삼척시 도계읍 문의재로 1113

**이사부 사자공원**
삼척시 수로부인길 333

**삼척 하이원 추추파크**
삼척시 도계읍 심포남길 99

## 강릉

**오죽헌 박물관**
강릉시 율곡로3139번길 24

**허균허난설헌생가터**
강릉시 난설헌로193번길 1-16

**경포대**
강릉시 경포로 365

**경포호**
강릉시 저동

**정동진역**
강릉시 강동면 정동역길 17

**안목해변**
강릉시 창해로14번길 20-1

**참소리축음기 에디슨박물관**
강릉시 경포로 393

**강릉 선교장**
강릉시 운정길 63

**정동심곡 바다부채길**
강릉시 강동면 심곡리 114-3

## 고성

**화진포생태박물관**
고성군 거진읍 화진포길 278

**통일 전망대**
고성군 현내면 금강산로 481

**DMZ박물관**
고성군 현내면 통일전망대로 369

**송지호철새관망타워**
고성군 죽왕면 오봉리 24

**6.25 전쟁체험전시관**
고성군 현내면 통일전망대로 453

**한국스키박물관**
고성군 간성읍 흘리령길 52

## 현장체험 학습 신청서와 보고서 작성 시 부모님을 위한 팁

### 현장체험 학습 신청서 작성의 **목적과 필수 항목**

현장체험 학습은 학교를 벗어나 배우는 교육 활동으로 자연을 체험하거나, 박물관, 미술관, 역사, 유적지, 공연 등 다양한 문화를 접하고 스스로 경험한 것을 학습의 일환으로 보는 프로그램입니다. 현장체험 학습 신청서를 제출한 후 학교의 승인을 받아야만 학교 출석을 인정받을 수 있습니다. 신청자의 인적 사항과 현장체험을 하고자 하는 기간과 장소 그리고 현장체험 학습계획, 비상연락처 등이 포함되어 있어야 하며 현장체험 학습 후 보고서를 제출하여야 합니다.

### 현장체험 학습 신청서 **작성 팁**

1. 현장체험 학습 계획은 여행 코스 계획 위주로 잡아 주시면 편해요. 아이들이 궁금해하는 곳 위주로 코스를 구성하되 코스 특성을 묶어 계획을 정리하는 것이 좋습니다. 여행 코스에 홍천 내린천과 평창 대관령을 간다고 한다면 '강원도의 자연을 알아보자' 등으로 제목을 달 수 있습니다.
2. 아는 만큼 보입니다. 신청서 작성 전 아이와 함께 관련 책이나 인터넷, 유튜브 검색 등을 통해 미리 살펴보면 현장에서 직접 보는 아이와 신청서를 작성하는 부모님께 도움이 됩니다.

### 현장체험 학습 신청서 작성 예시

예) 1. 가족 여행을 통해 부모, 남매 사이의 유대감을 높이고 소중함을 확인한다.
    2. 강원도의 지리적 특성(위치, 영동과 영서, 주변 도시 등)을 이해한다.
    3. 강원도의 여러 가지 특산품을 찾아 눈과 입으로 확인한다.
    4. 강원도의 역사와 문화, 민속에 대한 이해를 높인다.
    5. 각종 체험 시설과 유적지, 박물관 관람을 통해 다양한 경험을 쌓는다.

### 현장체험 학습 보고서 작성 시 **부모님을 위한 팁** ◎ 현장체험 학습 보고서 작성 시 뒤에 있는 워크북을 활용해 보세요.

1. 처음부터 너무 완벽한 보고서를 쓰려고 아이에게 요구하지 마세요. 아이가 경험하고 느낀 것을 다시 생각해 보며 보고서를 쓰는 것 역시 현장체험 학습 과정 중 하나입니다. 아이가 자유롭게 표현할 수 있도록 옆에서 그때의 감정을 표현할 수 있도록 도와주세요.
2. 보고서는 아이 스스로 작성할 수 있게 지도, 관광안내 전단지와 입장권을 꼼꼼히 챙겨 놓으면 나중에 도움이 됩니다.
3. 현장체험이 끝난 후 이동하는 차 안에서 스마트폰의 녹음 기능을 통해서 아이의 감정과 생각을 기록해 두면 추후 보고서 작성 시 그때 느낀 감정 그대로를 표현할 수 있습니다.

**진행 순서 :** 체험학습 신청서 제출 (보호자 *반드시 미리 제출합니다.) ▶ 결재 (학교) ▶ 허가 여부 통보 (교사) ▶ 체험학습 실시 (보호자와 학생) ▶ 보고서 제출 (학생) ▶ 출결 처리 (학교)

## 현장체험 학습 보고서 작성 시 어린이를 위한 팁

현장체험 학습 보고서는 일기와 형식이 비슷해요. 어떤 곳을 가서 어떤 경험을 했고 그것을 통해 느낀 점들을 표현하면 돼요. 이때 단순히 "재미나요, 즐거웠어요"보다는 무엇이 재미나고 왜 즐거웠는지 구체적으로 적어주면 됩니다. 그때의 경험을 떠올려 입장권이나 사진 등을 이용해서 꾸며도 되고 그때의 감정과 생각들을 글로 표현하면 돼요.

① 미루지 않습니다.
② 반드시 스스로 작성하도록 합니다.
③ 썼던 현장체험 학습 신청서(제출할 때 한 장 더 복사해서)를 함께 들고 다니며 살펴봅니다.

## 강원도와 관계 있는 단어를 찾아보세요. 9개

| 강 | 원 | 도 | 아 | 덕 | 구 | 수 |
|---|---|---|---|---|---|---|
| 너 | 성 | 너 | 우 | 장 | 공 | 남 |
| 숭 | 자 | 와 | 라 | 정 | 산 | 이 |
| 굴 | 피 | 집 | 지 | 태 | 국 | 섬 |
| 석 | 광 | 화 | 율 | 백 | 심 | 청 |
| 호 | 국 | 설 | 악 | 산 | 운 | 동 |

정답: 강원도, 감자와, 굴피집, 태백, 율곡이이, 설악산, 남이섬, 동해

## 강원도 OX퀴즈를 맞춰보세요.

1. 강원도는 **태백산맥**을 중심으로 영동, 영서로 나뉘어요. O X

2. 강원도는 **북한에는 없고** 남한에만 있는 지역이에요. O X

3. **춘천**은 소양호, 의암호, 춘천호 등으로 둘러싸여 있어 **호반도시**라 불려요. O X

4. 경복궁을 수리할 때 **나무들을 아우라지**에 뗏목으로 엮어 **물길로 운반**하였어요. O X

5. 정선은 콧등치기 국수와 **개구리 국수**가 유명해요. O X

6. **강릉**의 초당두부는 초당옥수수처럼 아주 달고 맛있다는 뜻이에요. O X

7. 강원도는 **강원특별자치도**가 되었어요. O X

정답: 1.O / 2.X / 3.O / 4.O / 5.X / 6.X / 7.O

# 가로세로 낱말 맞추기

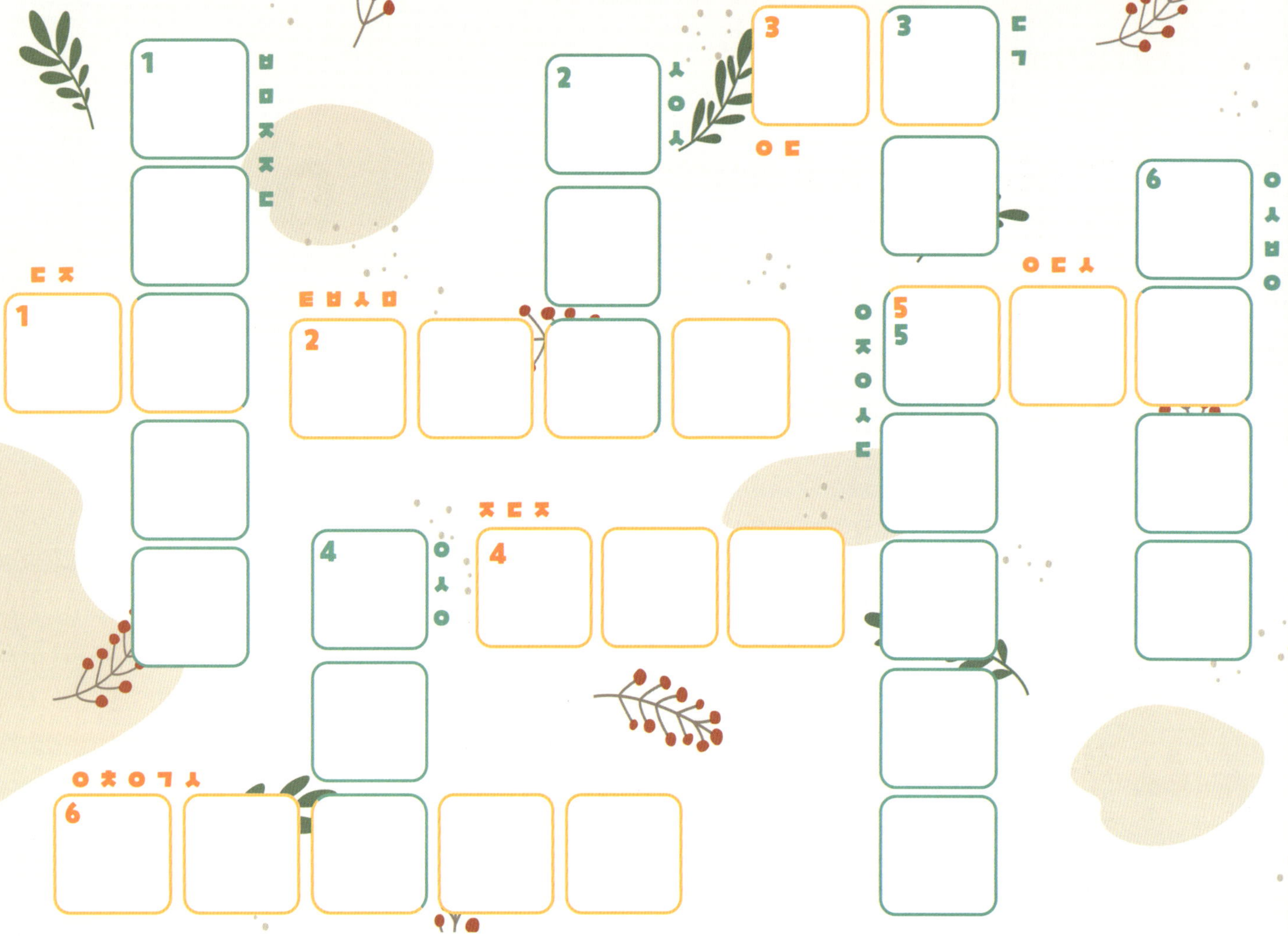


## 가로

1. 한국전쟁 때 평창으로 피난 온 함경도 사람들이 이것을 세워 황태를 만들기 시작했어요. 나무로 된 선반으로, 주로 해산물을 말릴 때 사용해요.
2. 우리나라의 척추라고 불리는 산맥이에요. 이 산맥을 중심으로 영동과 영서로 나뉘어요.
3. 태백산맥을 중심으로 동쪽은 OO, 서쪽은 영서라고 불러요.
4. 정동쪽을 말해요. 우리나라에서 바다와 가장 가까운 역이 있는 곳이에요.
5. 금강산처럼 아름답다하여 소금강이라 불리는 계곡이 있는 산이에요. 특별어류보호구역으로 지정되어 있어요.
6. 옥수수로 죽을 쑤어 만든 국수예요. 올챙이를 닮아 OOOOO라고 불러요.

## 세로

1. 북한과 남한 사이에 있는 것으로 아무도 가지 못하는 곳을 말해요. 군사분계선을 중심으로 2km씩 떨어져 만든 평화 유지 구간을 말하지요.
2. 우리나라에서 세번째로 높은 산으로 산마루에 오래 눈이 덮여 있고, 바위가 눈같이 하얗다고 해서 OO산이라고 불러요. 울산바위가 가장 유명해요.
3. 2018년에 평창에서 OO올림픽이 열렸어요. 겨울을 뜻하는 단어예요.
4. 감자를 갈아 반죽하여 새알 크기로 빚어 만든 음식이에요. 새알심이라는 뜻의 강원도 사투리예요.
5. 순대처럼 오징어에 속을 채워 찐 음식을 말해요.
6. 설악산에 있는 바위예요. 금강산까지 못간 바위가 설악산에 눌러 앉았다는 이야기가 전해 내려오고 있어요.

가로 답 : 1.덕장 / 2.태백산맥 / 3.영동 / 4.정동진 / 5.오대산 / 6.올챙이국수
세로 답 : 1.비무장지대 / 2.설악산 / 3.동계 / 4.옹심이 / 5.오징어순대 / 6.울산바위

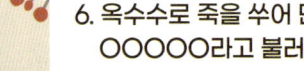

# OX퀴즈로 풀어보는 강원도

**1.** 강원도는 강릉의 '강'과 원주의 '원'을 따서 강원도라 불러요.

**2.** 강원도는 오직 남한에만 있어요.

**3.** 강원도는 남한에서 숲이 가장 많은 곳이에요.

**4.** 강원도의 전통집은 사계절 따뜻하게 기와집만 짓고 살았어요.

**5.** 강원도에는 아무도 갈 수 없는 비무장지대가 있어요.

**6.** 소백산맥을 중심으로 영동, 영서로 나뉘어요.

**7.** 영동 지방은 경사가 가파르고 동해와 맞닿아 있어요.

**8.** 강원도에는 18개의 시, 군이 있어요.

**9.** 강원도는 산이 거의 없어 겨울 스포츠를 즐기기 힘든 곳이에요.

**10.** 강원도는 강원도에서 강원특별자치도가 되었어요.

답 : 1-O 2-X 3-O 4-X 5-O 6-X 7-O 8-X 9-X 10-O

# 강원도 음식 줄잇기

### 메밀전병

한국전쟁 때 평창으로 피난 온 함경도 사람들이 덕장을 세워 황태를 만들기 시작했어요. 황태구이는 고추장 양념을 발라 구워낸 음식이에요.

허난설헌과 허균의 아버지인 허엽이 최초로 만들었어요. 허엽의 호를 따서 초당두부 라고 불러요. 맑은 동해 바닷물을 이용해 두부가 고소하고 부드럽지요.

### 오징어 순대

### 감자 옹심이

강원도는 해발 600m 이상의 고랭지이고 일교차도 커서 감자를 키우기 적절한 곳이에요. 감자 옹심이는 감자를 갈아 반죽해서 새알 크기로 빚어 만든 음식이에요.

메밀가루를 묽게 반죽해서 무, 배추, 고기, 오징어 등을 소로 넣고 말아 익히고 지지는 떡이에요.

### 초당순두부

### 황태구이

순대처럼 오징어에 속을 채워 찐 음식이에요. 속초 아바이 마을의 실향민들이 고향에서 먹던 고기순대를 대신해서 오징어로 순대를 만들었지요.

# 강원도의 동물 종이접기

**대관령 양 접기**

① 점선대로 반으로 접습니다.

② 다시 점선대로 반으로 접었다가 폅니다.

③ 점선대로 안쪽으로 접어줍니다.

④ 양 끝을 점선대로 비스듬하게 접습니다.

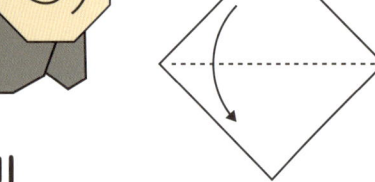 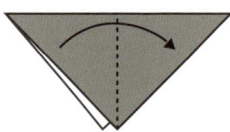 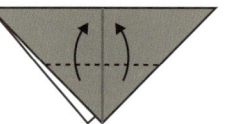 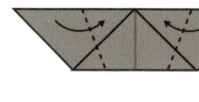

⑤ 점선대로 아래쪽으로 비스듬하게 접습니다.

⑥ 종이를 뒤집어 얼굴의 모서리 부분을 접어줍니다.

⑦ 얼굴을 그려줍니다.

⑧ 새로운 색종이를 4등분하여 잘라줍니다.

⑨ 모서리를 접어줍니다.

    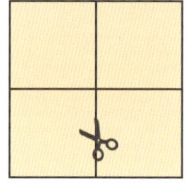 

⑩ 다시 안쪽으로 모서리 부분을 살짝 접어줍니다.

⑪ 같은 모양 두개를 만들어 뒤집어 그림을 그리고 양머리에 붙여주면 완성!

---

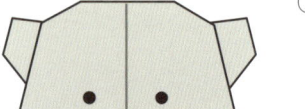

**설악산 반달곰 접기**

① 점선대로 반으로 접습니다.

② 다시 점선대로 반으로 접었다가 폅니다.

③ 점선대로 안쪽으로 접어줍니다.

④ 점선대로 바깥쪽으로 접어줍니다.

 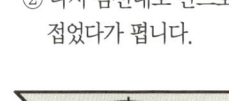 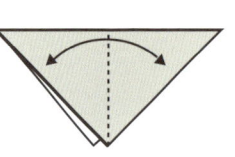 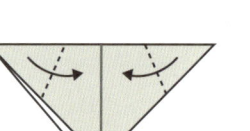 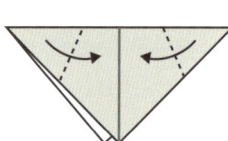 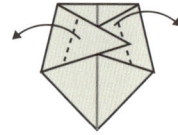

⑤ 점선과 같이 안쪽으로 접어줍니다.

⑥ 종이를 뒤집어서 아랫부분을 한 겹만 위로 접어줍니다.

⑦ 뒷장은 화살표대로 뒤로 접어줍니다.

⑧ 눈, 코, 입을 그려주면 완성!

 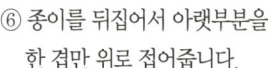  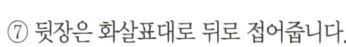 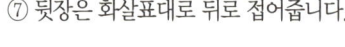 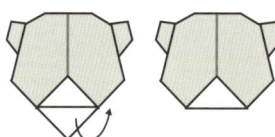 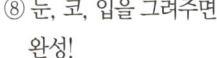 

# 그림 속 숨은그림 찾기

파프리카, 자, 연필, 더덕, 김밥, 가위, 오렌지, 수박, 컵아이스크림

양양 낙산사 해수관음상에게 소원을 빌어요.
# 바라는대로 이뤄져라 ✦

# 신사임당과 율곡이이 색칠하기

예시 그림

예시 그림을 보고 색칠해 보세요.

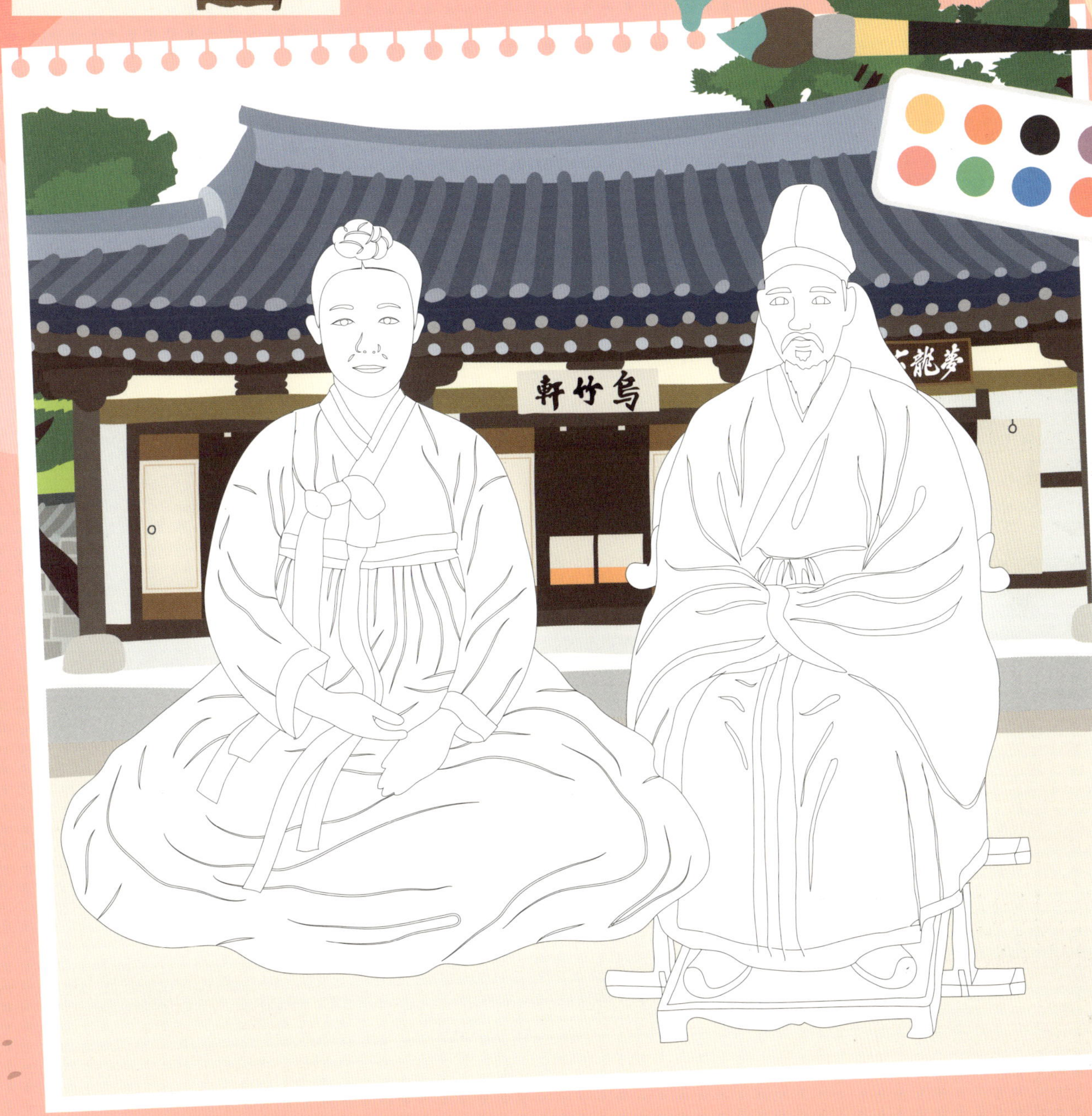

**현장체험 학습 보고서**에 잘라서 붙여보세요.

배추

속초 오징어순대

횡성 한우

정선 올챙이국수

철원쌀

감자

양양 송이

옥수수

메밀 막국수

감자 옹심이

안흥 찐빵

횡성 더덕

평창 황태

메밀전병

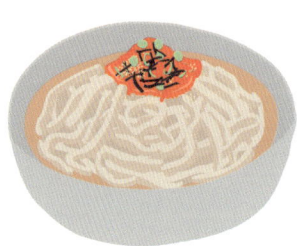
정선 콧등치기국수

**현장체험 학습 보고서**에 잘라서 붙여보세요.

강원도의 전통 집을 오려 붙이고, 체험학습 보고서에 설명을 써보세요.

영동과 영서의 차이를 알아보고, 체험학습 보고서에 설명을 써보세요.

강원도의 멸종 위기 동물들을 오려 붙이고, 체험학습 보고서에 느낀 점이나 설명을 써보세요.

## 상상력놀이터에서 펴낸 즐거운 도서

### 어린이 여행 가이드북
### 안녕 나는 시리즈

어린이를 위한 어린이 여행 가이드북!
《안녕, 나는 제주도야》를 비롯해 경주, 해외, 강원도, 서울, 강릉, 인천, 부산, 전주, 대구를 아이들의 시각으로 전해 줍니다. 안녕 나는 시리즈를 통해 나만의 진짜 여행을 즐겨보세요!

### 역사 컬러링북
### 이야기로 배우고 색칠하며 익히는
### 한국사 톡톡 1, 2

요즘 엄마들 사이에 가장 핫한 한국사 입문서!
컬러링과 스토리텔링으로 배우는 한국사 공부!
좌뇌와 우뇌를 자극하여 아이들이 재미있게 공부해요. 역사 체험 학습과 연계하면 좋아요.